와이즈만 환경과학 그림책은 우리 환경, 푸른 지구를 지켜 나가는 길을 함께 찾아가는 시리즈입니다.

와이즈만 환경과학 그림책 ⓫
돼지도 누릴 권리가 있어

1판 1쇄 발행 | 2015년 11월 20일
1판 8쇄 발행 | 2024년 4월 25일

백은영 글 | 남궁정희 그림 | 와이즈만 영재교육연구소 감수
발행처 | 와이즈만 BOOKs
발행인 | 염만숙
출판사업본부장 | 김현정
편집 | 원선희 양다운 이지웅
디자인 | 박영미
마케팅 | 강윤현 백미영 장하라

출판등록 | 1998년 7월 23일 제1998-000170
사용연령 | 6세 이상
제조국 | 대한민국
주소 | 서울특별시 서초구 남부순환로 2219 나노빌딩 5층
전화 | 마케팅 02-2033-8987 편집 02-2033-8928
팩스 | 02-3474-1411
전자우편 | books@askwhy.co.kr
홈페이지 | mindalive.co.kr

저작권자 ⓒ 2015 백은영 남궁정희
이 책의 저작권은 백은영 남궁정희에게 있습니다.
저자와 출판사의 허락 없이 내용의 일부를 인용하거나 발췌하는 것을 금합니다.

잘못된 책은 구입처에서 바꿔 드립니다.

*와이즈만 BOOKs는 (주)창의와탐구의 출판 브랜드입니다.

동물 권리 선언

돼지도 누릴 권리가 있어

백은영 글 | 남궁정희 그림
와이즈만 영재교육연구소 감수

와이즈만 BOOKs

햇살 좋은 어느 날 아침,
농장 마을에 늑대가 불쑥 나타났어요.
깜짝 놀란 아기 돼지 삼 형제는 똥 무더기로 뛰어들었어요.
'들키면 잡아먹히고 말 거야!'
다행히 늑대는 돼지우리 앞을 그냥 지나쳤어요.
그러더니 저쪽으로 후다닥 뛰어가지 뭐예요.

휴~~~~~~.

한숨 돌린 것도 잠시, 용감한 막내 돼지가 외쳤어요.
"쫓아가 보자. 다른 동물들이 위험할지도 몰라!"
늑대는 어찌나 빠른지 벌써 사라지고 없었어요.
아기 돼지 삼 형제는 겨우겨우 발자국만 찾아냈어요.
"맙소사! 암탉 아줌마들 집으로 들어갔어!"
아기 돼지 삼 형제는 양계장으로 뛰어갔어요.

뚝! 하고 꼬꼬댁거리던 소리가 멈췄어요.
"너희들이 여긴 어쩐 일이니?"
가장 나이 많은 암탉 아줌마가 물었어요.
"늑대가 오지 않았나요? 혹시 큰일 났을까 해서요!"
막내 돼지가 숨을 헐떡거리며 대답했어요.
"너희도 봤구나. 아, 글쎄 늑대가 들이닥쳐서
다 죽었구나 했지. 그런데 닭장 안을 막
들쑤시더니만 그냥 가 버리지 뭐냐. 에, 에취!"
뭉툭한 부리가 간지러운지 재채기를 하며,
암탉 아줌마가
말했어요.

왜 암탉의 부리는 뭉툭한 걸까?

태어나자마자
암수로 분류돼. 암평아리는 선택되지만, 수평아리는 버려지거나 노점상에게 팔려 가.

7일째
부리 끝 $\frac{1}{3}$~$\frac{1}{2}$이 잘리다 죽기도 해. 좁은 닭장 안에 갇혀 있다 보니 스트레스가 너무 커져서 서로를 쪼아 대는데, 그걸 막기 위해 자른대.

700일째
도계장으로 옮겨서 고작 700~800원에 팔리게 돼. 그것으로 우리의 일생은 끝이 나.

420일째
산란율을 높이려고 우리를 5~9일 동안 굶겨서 몸무게를 줄이게 해. 닭장 창살에 다리가 끼어서 뼈가 부러지기도 해. 지옥이 따로 없어.

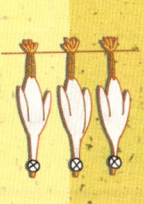

우리는 공장식 양계장에서 2년밖에 못 살아. 우리의 일생이 어떤지 아니?

14~35일째
한 마리당 공책 크기보다 작은 닭장에서 생활하게 돼. 날개조차 펼 수 없을 만큼 좁아서 구멍으로 목만 내놓고 살지.

56~70일째
또 부리가 잘려.

140일째
드디어 달걀을 낳지만 한 알당 120~150원에 팔려 나가. 우리는 주변이 너무 밝으면 알을 잘 품지 않아. 알을 안 품고 계속 낳기만 하면 사람들은 더 좋아해. 더 많은 알을 얻을 테니까. 이렇게 되면 결국 우리 몸도 지쳐서 점차 알을 적게 낳게 돼.

"이상하네. 그냥 갔다니……."
막내 돼지가 양계장을 나오면서 중얼거렸어요.
"부리 잘린 모습이 흉측해서 안 잡아먹었나 보지. 다른 먹이를 찾고 있을 거야, 분명."
첫째 돼지가 말했어요.
"발자국이 저리로 이어져 있어!"
둘째 돼지가 바닥을 가리키며 외쳤어요.
아기 돼지 삼 형제는 코를 킁킁대며 발자국을 따라갔어요.
숲을 지나자 동물원이 나왔어요.
"늑대가 동물원을 습격하려나 봐."
아기 돼지 삼 형제는 부리나케 동물원 안으로 들어갔어요.
아, 그랬더니 늑대 발자국이 동물쇼를 하는 천막 쪽으로 이어져 있지 뭐예요.
"쇠창살이 없어 잡아먹기 쉬울 것 같아 저리로 갔나 봐!" 첫째 돼지가 부르르 떨며 말했어요.
"어서 가 보자!"

아기 돼지 삼 형제는 후다닥 천막 안으로 뛰어들었어요.
"모두들 괜찮으세요? 여기 늑대가 오지 않았어요?"
막내 돼지가 가쁜 숨을 고르며 물었어요.
"왔지. 그런데 여기저기 킁킁대며 살피다가 내 발을 보곤 한숨을 푹푹 내쉬더니 그냥 가더구나."
코끼리 아줌마가 갈라진 발바닥을 긁으며 말했어요.
"그런데 왜 다들 눈물이 그렁그렁해요? 늑대도 가 버렸는데?"
둘째 돼지가 물었어요.
"우린 언제나 이래. 이럴 수밖에 없어."
돌고래 누나가 물 위로 머리를 내밀며 말했어요.
"먹을 것도 실컷 먹고 사람들 사랑을 독차지하는데 왜요?"
첫째 돼지가 고개를 갸우뚱거리며 물었지만,
모두들 그저 씁쓸하게 웃기만 했어요.

왜 재주 부리는 동물들은 슬퍼 보일까?

야생에서 살던 우리를 길들이겠다고 사람들은 우리를 야생에서 잡아 가두고는 꼬챙이로 밤낮을 찔러 대며 훈련시켜. 반항하지 못할 때까지 말이야.

우리는 바다에서 사는 동물이라서 좁은 수족관에서는 오래 살 수 없어. 수족관 소독제 때문에 시력을 잃기도 하지. 청각이 예민해서 사람들이 박수 치고 떠드는 소리 때문에 너무 고통스러워.

COSMETIC

"혹시 늑대가 코끼리 아줌마 발 때문에 그냥 가 버린 게 아닐까? 시멘트 바닥을 구르느라 발이 상처투성이던데."
동물쇼장을 나서며 막내 돼지가 중얼거렸어요.
"그럴 리가! 아줌마 발 냄새가 지독해서 그런 거야, 분명."
첫째 돼지가 말했어요.
"앗, 저기 발자국이 있다!"
둘째 돼지가 외쳤어요.
이윽고 아기 돼지 삼 형제는 커다란 건물 앞에 도착했어요. 건물 입구에는 '화장품 연구소'라고 적혀 있었지요.
"늑대가 이런 곳에는 왜 왔지?"
아기 돼지 삼 형제는 고개를 갸웃거리며 연구소로 들어섰어요.
전등이 깜빡깜빡거리고, 토끼들이 눈을 끔뻑끔뻑였어요.

여기도 토끼, 저기도 토끼, 온통 토끼들뿐이에요.
그런데 하나같이 상자 속에 갇혀서 머리만 내밀고 있지 뭐예요.
"누구세요?"
토끼 한 마리가 아기 돼지 삼 형제를 물끄러미 보며 물었어요.
"늑대를 쫓아왔는데, 혹시 못 봤니?"
막내 돼지가 물었어요.
"봤어요! 퉁퉁 부은 제 눈을 만져 보더니 엄마처럼 꼬옥 안아 주었어요.
그러고는 그냥 가 버리던 걸요."
토끼가 감기에 걸렸는지 콜록콜록대며 대답했어요.

왜 동물들이 실험실에 갇혀 있는 걸까?

사람들은 우리 쥐들한테 강제로 화장품을 먹여서 독성을 테스트 해. 어느 정도를 먹어야 죽게 되는지 시험하기 위해서래. 이렇게 구역질 나고 어지러운 걸 보면, 내일 눈을 뜰 수 있을지 모르겠어.

우린 기니피그야! 순한 데다, 먹이만 주면 잘 지내는 탓에 우리를 화장품 테스트에 이용한대. 털을 밀고 온몸에 화장품을 바르면 너무 가려워서 미칠 것 같아.

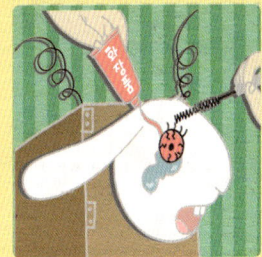

우리 토끼들 눈에는 눈물샘이 없어. 그래서 사람들은 속눈썹에 바르는 마스카라를 우리 눈 속에 집어넣어 테스트해. 얼마만큼의 양을 넣어야 사람에게 해로운지 시험하려는 거지. 그 바람에 우리 눈에는 피고름이 끊이질 않아.

"엄마처럼은 무슨! 먹을 만한지 재 본 거겠지."
첫째 돼지가 화장품 연구소를 나서며 말했어요.
"토끼들이 불쌍해. 봤어? 눈에서 피고름이 나오더라."
막내 돼지가 한숨을 폭 내쉬었어요.
그때였어요.

왕왕왕!

어디선가 강아지들의 울부짖는 소리가 들려왔어요.
놀라서 달려가 보니 커다란 창고 같은 게 보였어요.
"아뿔싸! 드디어 늑대가 속셈을 드러냈나 봐!"
둘째 돼지가 소리쳤어요.
아기 돼지 삼 형제는 너무 무서워 꽝꽝 얼어붙고 말았어요.
그 순간 짖던 소리가 **뚝** 멎었어요.
"안 되겠다!"
아기 돼지 삼 형제는 허둥지둥 창고로 들어갔지요.

창고 안은 양계장 같은 우리로 가득했어요.
우리 안에는 개들이 갇혀 있었지요.
"돼지우리보다 냄새가 더 지독해. 대체 여긴 뭐 하는 곳이지?"
아기 돼지 삼 형제는 코를 말아 쥐며 꿍얼거렸어요.
투덜대는 소리에 개들이 으르렁거리며 노려봤어요. 그러다 돼지인 걸
알고는 다들 어이없어 하지 뭐예요.
"또 늑대가 온 줄 알았잖니. 에, 에에취! 여긴 강아지들을 낳는 곳인데,
처음 와 보니?"
푸들 아줌마가 요란스레 재채기를 해 대며 말했어요.

왜 강아지들은 우리에 갇혀 있을까?

강아지 농장

여긴 감옥이야. 이 안에서 똥도 싸고 밥도 먹고 새끼까지 낳아야 하거든. 너무 지저분해서 냄새도 고약하고, 발에 종기가 나기 일쑤야.
새끼 강아지들은 성근 철조망 바닥에 발이 자주 껴서 힘들어 하지.

애견 경매장

농장에서 갓 태어난 강아지들은 경매장으로 옮겨져서 팔려. 그러다 보니 약해서 병드는 경우가 많지. 원래는 두 달 넘은 강아지들만 팔 수 있는데, 요즘은 아주 어린 강아지들도 판대. 사람들이 어린 강아지를 더 좋아하기 때문이지.

애견숍

경매장에서 팔린 강아지들은 다시 애견숍에서 전시되어 팔려. 애견숍에서 파는 강아지들은 대부분 경매장을 거쳐 온 거야.

"둘러만 보고 그냥 가 버렸다니.
늑대가 찾는 건 아무래도 깨끗한 먹이인가 봐."
강아지 농장을 나서며 둘째 돼지가 말했어요.
"으윽, 아무래도 우리로 돌아가 똥을 더 뒤집어쓰는 게 좋겠어."
짧은 꼬리를 움찔거리며 첫째 돼지가 외쳤어요.
아기 돼지 삼 형제는 두다다다 돼지우리를 향해 뛰어갔지요.
그때였어요. 트럭들이 연기를 뿜으며 잇달아 지나가는 거예요.
트럭은 한두 대가 아니었어요.
하나, 둘, 셋, 넷!
마지막으로 구급차가 돼지우리 앞에 멈춰 섰어요.
그러더니 돼지들을 끌어내 차에 싣기 시작했어요.
사람들은 동물들이 모두 병에 걸려 살려 둘 수 없다며 수군댔어요.

"이건 분명 늑대 짓이야!"
"늑대가 지나간 곳마다 동물들이 재채기하고 기침을 해 댔잖아."
"늑대를 혼내 줘야 해!"
아기 돼지 삼 형제는 함정을 파 늑대를 잡기로 했어요.
아파서 쓰러진 동물들을 위해 온 힘을 다해 땅을 파 들어갔지요.
"어휴, 어두워. 너 손전등 가지고 왔니?"
첫째 돼지가 물었어요.
"그런 건 막내가 챙겼겠지."
둘째 돼지가 말했어요.
"내가 그걸 왜 챙겨? 형들이 챙겨야지!"
막내 돼지가 외쳤어요.

"뭐야!"

첫째 돼지와 둘째 돼지가 화난 목소리로 말했어요.
그때 으시시한 어떤 목소리가 들려왔어요.

"너희들, 불이 필요하니?"

번쩍! 하더니 갑자기 앞이 환해졌어요.

아기 돼지 삼 형제는 너무 놀라 마른 침을 겨우 삼켰어요.

땅속 구덩이 안이 유령들로 가득하지 뭐예요!

구제역 때문에 죽은 돼지들이 분명했어요.

아기 돼지 삼 형제는 무서워서 울음을 터뜨렸어요.

"얘들아! 우린 유령이야. 유령은 병을 옮기지 않으니 마음 놓으렴."

유난히 오동통한 돼지 유령이 소리쳤어요.

그러자 뒤에 있던 유령이 말했어요.

"우리는 구제역*에 걸려 떼죽음을 당했어. 50년 전만 해도 이런 일이 없었다던데."

또 다른 유령이 말을 보탰어요.

"그래서 병의 원인을 알아내려고 탐정을 고용했지. 실패한 적이 없는 아주 유명한 탐정이란다."

***구제역** : 소나 돼지와 같은 동물이 잘 걸리는, 전염성이 강한 바이러스 병. 입의 점막이나 발톱 사이의 피부에 물집이 생기며 체온이 급격하게 오르고 식욕이 떨어지는 증상을 보인다. 구제역의 전염을 막기 위해 구제역에 걸린 동물과 그 주변의 같은 종의 동물들을 도살해 땅에 묻는다.

"정말이요? 와! 다행이네요."
아기 돼지 삼 형제는 휴~ 하고 안도의 한숨을 내쉬었어요.
그때였어요.
머리 위에서 찬바람이 이나 싶더니
무언가가 큰 소리를 내며 바닥에 쿵 떨어지는 거예요.
"어이쿠, 내 엉덩이."
거대한 그림자가 신음 소리를 내며 몸을 일으켰어요.
그 순간 아기 돼지 삼 형제는 세상을 쪼개고도 남을 만큼
어마어마한 고함을 질러 댔어요.

"으아악! 늑대다!"

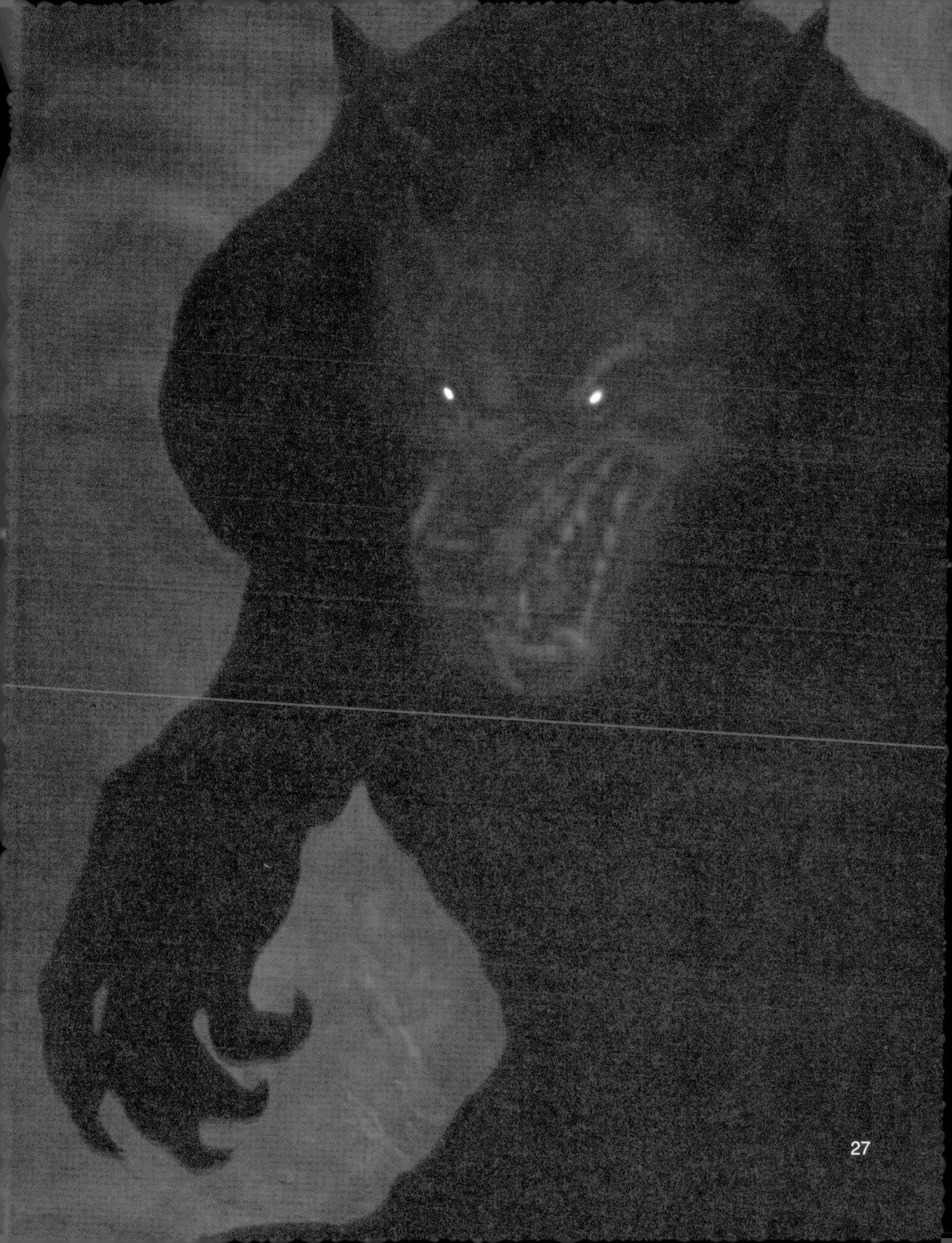

그런데 이게 웬일일까요?

꾸우울꿀꿀꿀!

돼지 유령들의 반기는 목소리가 들려오는 게 아니겠어요?
살며시 고개를 돌려 본 아기 돼지 삼 형제는 깜짝 놀라고 말았어요.
아, 글쎄, 유령들이 늑대와 악수를 하고 있지 뭐예요. 이런 말을 하면서요.

"이유를 알아냈다니 역시 빠르시군요. 다잡아 탐정님."

아기 돼지 삼 형제는 늑대가 탐정이라니 말도 안 된다며 펄쩍 뛰었어요.
그러자 늑대가 성난 얼굴로 바람을 후 욱 들이켜기 시작했어요.

지금 늑대한테 속고 있는 거예요!

늑대가 탐정이라니 말도 안 돼요!

맞아요. 이 모든 게 다 늑대 짓이라고요!

늑대의 배가 빵빵하게 부풀어 올랐어요.
"아이고, 무서워라! 얼른 숨어야 해!"
아기 돼지 삼 형제는 파 놓은 구덩이를 기어올라 갔어요.
돼지 유령들이 말리려 했지만,

요리조리 구불구불

어찌나 재빠른지 그럴 틈이 없었답니다.
땅 위로 올라온 아기 돼지 삼 형제는 **후다닥** 흩어져 숨었어요.
첫째 돼지는 양계장 뒤로 숨었어요.
둘째 돼지는 화장품 연구소 뒤로,
막내 돼지는 돼지우리 뒤로 숨었답니다.
이윽고 늑대가 바람을 훅 내뿜었어요.
구덩이 밖으로 거센 바람이 사납게 몰아쳤어요!

우지끈! 세찬 바람에 농장의 지붕이 날아갔어요.
말끔해 보이던 벽도 부서져 나갔어요.
그러자 비참하게 살고 있는 동물들의 모습이 그대로 드러났어요.
늑대가 슬픈 얼굴로 말했어요.
"잘 봐, 여긴 농장이 아니라 공장이야.
사람들은 너희들을 생명체가 아니라 물건으로 여긴다고.
그러니 오로지 이익만을 위해 수백, 수만 마리를 비좁은 곳에서 키우지.
더러운 환경 때문에 병에 걸려도 신경 쓰지 않아.
쓸모없게 된 동물은 버려 버리면 그뿐이니까.
너희들이 왜 자꾸 병에 걸려 죽는 건지 이젠 알겠지?"
아기 돼지 삼 형제는 다리에 힘이 풀려 주저앉고 말았어요.

공장에서 자란 돼지

공장에서는
돼지를 많이 키우는 게 목적이야.
그래서 돼지들의 안락함 따위는
신경 안 써.

사육사는 아기 돼지들을 관리하기 쉽게
스톨*에 가두고 키워. 갇힌 아기 돼지들은
스트레스가 심해져 서로의 꼬리를
물어뜯게 돼. 그래서 사육사들은 마취도
하지 않고 아기 돼지들의 꼬리를 잘라
버려.

아기 돼지들은 좁은 스톨에 갇혀 평생을
살아. 그래서 엄청난 양의 똥이 그곳에
쌓이게 돼. 아기 돼지들은 똥 냄새 때문에
폐가 망가지고, 지저분한 환경 때문에
무좀이나 피부병을 자주 앓게 돼.

사육사는 아기 돼지가 아팠다 하면
무조건 항생제를 먹여. 돼지 몸에
항생제가 쌓이게 되면, 결국은
돼지고기를 먹는 사람의 몸에도
항생제가 쌓이게 돼.

*스톨 : 60cm 폭의 금속제 틀로, '사육틀'이라고도 한다. 임신한 어미 돼지는 이곳에 갇혀
옴짝달싹못한 채 평생 새끼 낳는 일을 반복하게 된다.

농장에서 자란 돼지

농장에서는 건강한 돼지를 키우는 게 목적이므로 자유롭게 지내게 해. 돼지가 많지 않아서 쌓이는 똥의 양도 적어. 돼지 똥은 돼지가 먹을 농작물의 거름으로 쓰여.

화장실이 따로 있어서 돼지들이 먹고 자는 곳에 똥이 쌓일 일이 없어. 당연히 피부병도 없지. 행여나 몸이 안 좋은 돼지는 스스로 독풀을 먹어 병을 고치기도 해.

돼지는 영리한 동물이라 뛰어노는 걸 좋아해. 공간이 넓고 자유롭게 뛰놀 수 있으니 스트레스도 없지. 꼬리를 물어뜯는 일도 없고 병치레도 적어.

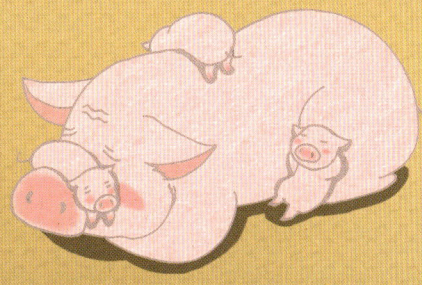

"이제 우리는 어떻게 해야 하죠? 어디서 살아야 하나요?"

아기 돼지 삼 형제가 울먹거리며 물었어요.

늑대가 아기 돼지 삼 형제를 일으켜 세우며 조용히 말했어요.

"너희는 진짜 농장으로 가야 해. 물건이 아니라 생명으로
대해 주는 곳으로 말이야."

"그런 곳이 있긴 한 거예요?"

아기 돼지 삼 형제가 놀란 표정으로 물었어요.

그러자 늑대가 귀를 쫑긋거리며 말했어요.

"저쪽에서 돼지들의 웃음소리가 들려온단다. 그곳엔 분명 진짜 농장이 있을 거야. 너른 들판에서 돼지들이 축구를 하고 있거든."

아기 돼지 삼 형제는 너무 좋아 **휙** 돌아섰어요. 그러고는 늑대가 가리킨 방향을 향해 뛰어갔지요.

꾸우울꿀!

아기 돼지 삼 형제의 웃음소리를 뒤로하고 늑대도 길을 떠났어요.

다음 사건을 위해 **컹!**

최소한의 권리를 위한
동물 권리 선언서

신선한 물과 음식을 먹게 해 달라!
생명의 기본권인데, 이것조차 지키지 않는 사람들이 참 많아.
동물도 사람과 똑같이 고통을 느끼는 존재라고!

적합한 피난처와 안락한 쉼터를 마련해 달라!
주인에게 버림받은 반려동물들은 도로에선 살 수가 없어.
언제라도 죽을 수 있기 때문에 마땅히 보호 받을 권리가 있어!

병이 안 생기도록 예방하고, 아플 때 치료 받을 수 있는 권리를 달라!
동물은 소모품이 아니라 생명체야! 병에 걸리면 치료도 못 받고
죽임을 당하는 존재가 아니라고!

동물들마다 알맞은 공간에서 살 권리가 있다!
동물을 비좁고 비위생적인 환경에서 키우는 사람들이 있어.
동물도 안락한 환경에서 살 권리가 있다고!

살던 자연환경과 똑같은 곳에서 살 수 있게 해 달라!
동물을 키우려면 동물에게 맞는 환경과 조건을 만들어 줘야 해!
그렇지 않으면 스트레스와 병으로 죽고 말아.

동물을 죽일 때 최대한 고통을 줄이는 방법을 써 달라!
동물은 사람들을 위해 많은 것을 희생해. 동물에게 조금이라도
고마운 마음이 든다면 죽일 때만큼이라도 고통스럽지 않게 해 줘.

동물들을 위한 우리의 행동 선언서

 **하나 동물의 환경을 개선하는 데 관심을 갖자!**
동물의 환경은 인간의 건강과 크게 관련되어 있어. 진짜 농장에서 자란 건강한 돼지고기 닭고기를 구입하는 사람이 많아질수록 동물들의 환경뿐만 아니라 우리의 건강도 좋아질 거야. 그러니 고기를 살 때 꼭 농림축산검역본부에서 동물복지 축산 농장을 인증하는 마크를 확인하자!

 **둘 동물을 사지 말고 입양하자!**
동물이 병들거나 나이 들었다고 해서 동물들을 버리는 사람들이 있어. 하지만 동물은 장난감이 아니야. 동물을 키우고 싶다면 애견숍에서 사지 말고 유기견이나 보호 시설에서 보호받는 동물들을 입양하자!

 **셋 동물 공연을 보지 말자!**
공연하는 동물들이 얼마나 학대를 받으며 끔찍하게 훈련받는지 아니? 앞으로는 그런 공연을 보는 대신, 동물들을 자연으로 돌려보내는 캠페인에 동참하자!

 **넷 동물 실험을 반대하자!**
사람들이 쓰는 화장품들은 대부분 동물 실험을 거친 것들이야. 동물을 학대하는 실험을 반대한다면 그런 화장품을 사지 말자. 화장품에 이 마크가 붙어 있는지 꼭 확인하자! 국제동물실험 반대 단체인 '크루얼티 프리 인터내셔널'에서 인증했다는 뜻이야.

 클릭

- 동물 보호 시민단체 카라 www.ekara.org
- 동물 보호 관리센터 www.animal.go.kr
- 전국 종합 유기 동물 보호센터 www.zooseyo.or.kr
- 동물자유연대 www.animals.or.kr
- 생명체 학대 방지 포럼 www.voice4animals.org
- 핫핑크 돌핀스 cafe.daum.net/hotpinkdolphins
- 녹색 연합 www.greenkorea.org

글 작가의 말

동물이 행복해야 사람도 행복합니다

언제부턴가 뉴스에서 빠지지 않는 소식이 하나 있습니다. 구제역이니 광우병이니 조류독감이니 하는 무시무시한 동물 전염병이 발생했다는 거지요. 이런 병들은 사람에게도 옮길 수 있기 때문에 예방 차원에서 병에 걸리지 않은 동물도 죽여야 한다고 말합니다.

왜 이런 끔찍한 일들이 생기는 걸까요?

이런 병들은 쉬이 잡히지 않고 왜 계속해서 발병하는 걸까요?

가장 큰 문제는 동물들이 살아 있는 존재라는 걸 잊고, 마치 기계처럼 대하는 우리의 마음에 있습니다.

사람들은 맛있는 음식을 위해, 즐거운 오락거리를 위해 동물들에게 기계마냥 알을 낳고, 새끼를 낳고, 재주를 부리라고 강요합니다. 동물들의 불행이 무서운 병을 몰고 오고, 그 병을 막느라 마구잡이로 투여한 항생제와 살충제 때문에 사람 또한 병들게 된다는 것을 잊은 채 말이지요.

천만다행히도 아직 늦지 않았어요. 무서운 동물 전염병으로 동물들이 모두 멸종되기 전에 그들을 지켜 내야 해요.

그들 또한 이 지구의 한 가족이니까요.

백은영

그림 작가의 말

동물들의 현실을 마주하는 용기 있는 사람이 되어요

이 책의 원고를 받기 몇 해 전, 무심코 본 다큐멘터리에서 충격적인 이야기를 듣게 되었습니다. '고기로 태어나게 해서 미안해'라는 부주제가 붙은 식용 동물들에 관한 내용이었습니다.

방송을 보는 내내 우리들이 너무 쉽게 소비하는 생명에 대해 죄책감이 들었고, 그 후로 저는 채식을 실천하기로 마음먹었답니다. 여러분도 그 기막힌 고기 생산 공정을 봤다면, 저와 같은 고민과 갈등을 했을 거라고 생각해요.

우리는 오랫동안 육식은 꼭 필요한 것이며, 따라서 고기를 생산하기 위한 시스템도 정당한 것이라고 생각하고 있습니다. 하지만 우리가 고기를 즐기는 동안, 인간과 동물 모두 큰 고통을 받고 있다는 사실을 모른 채 살아가고 있는 것 같아요.

저는 여러분에게 식용 동물도 생명이라는 것을 일깨워 주고, 여러분 스스로 능동적인 선택을 할 수 있는 기회를 주어야 한다는 생각을 했어요. 그래서 이 책에 그 마음을 담아 그려 가기 시작했답니다. 그림을 그리기 위해 동물들의 고통을 계속 들여다봐야 했던, 그래서 더 힘들었던 이 책을 마무리하며 간절히 빌어 봅니다. 살아 있는 모든 생명들이 더 이상 고통 받지 않고 존중받는 그 날이 오기를……

남궁정희

추천사

돼지도 우리와 똑같이 생명을 지닌 존재예요

우리에게 엄마가 있듯이, 아기 돼지들에게도 엄마가 있어요. 그러나 대부분의 아기 돼지들이 엄마랑 같이 있을 수 있는 기간은 겨우 20일 정도밖에 되지 않아요. 태어나자마자 꼬리와 이빨이 잘리고 더럽고 비좁은 곳에서 한평생 살다가, 6개월쯤 되면 고기가 되어 식탁에 오르게 되지요.

하지만 돼지들은 우리와 똑같이 생명을 지닌 존재입니다. 그런데 고통을 받으며 살아야 하는 이유가 돼지에게 있을까요? 사는 동안 조금이라도 나은 환경에서 살아야 할 권리가 없는 걸까요?

우리 인간들이 행복하게 살 권리가 있듯이, 생명이 있는 동물들도 최소한의 권리가 보장되어야 합니다. 우리가 먹는 소, 돼지, 닭, 오리 같은 동물이 어떻게 키워지고 개, 고양이 같은 반려동물이 어떻게 태어나는지 아나요? 또 돌고래나 코끼리들이 쇼 때문에 어떤 고통을 받고 있고, 어떤 동물들이 실험실에서 희생되는지 아는지요?

고통 받는 동물들은 우리들의 노력에 의해 조금은 나은 환경에서 생활할 수 있어요. 《돼지도 누릴 권리가 있어》는 그 사실을 알려 주는 고마운 책입니다.

돼지뿐만 아니라 모든 동물들이 최소한의 권리를 누릴 수 있는 환경에서 살 수 있게 여러분이 이 책을 읽고 힘을 보태 주면 좋겠습니다.

동물보호시민단체 카라 대표 임순례

글 백은영

경희대학교 생명과학부를 졸업한 뒤 서울 애니메이션센터에서 애니메이션 시나리오를, '어린이책을 만드는 사람들'에서 동화를 공부했습니다. 2005년 '샘터문학상' 수상에 이어 2006년 'MBC 창작동화대상'과 '푸른문학상'을 수상하며 작품 활동을 시작했습니다. 지은 책으로 제4회 푸른문학상 '미래의 작가상' 수상작 《주몽의 알을 찾아라》를 비롯해 《세상에서 가장 읽기 어려운 책》 《고양이 제국사》 《토끼는 달리는 것을 좋아해》 《집이 도망쳤다!》 《타임 가디언》 등이 있습니다.

그림 남궁정희

디자인을 전공하고 오랫동안 애니메이터로 일해 왔습니다. 그림책으로 행복한 세상을 만들어 가고 싶다는 꿈을 이루기 위해 그림책 작업을 시작했습니다. 앞으로도 동물과 인간이 함께 살아가는 이야기를 그림책에 담아내려 합니다. 그린 책으로는 《Am I Later, Mammy》가 있으며, 창작 그림책 《Mr, Anchor》가 곧 출간될 예정입니다.

감수 와이즈만 영재교육연구소

즐거움과 깨달음, 감동이 있는 교육 문화를 창조한다는 사명으로 우리나라의 수학, 과학 영재교육을 주도하면서 창의 영재수학과 창의 영재과학 교재 및 프로그램을 개발했습니다. 구성주의 이론에 입각한 교수학습 이론과 창의성 이론 및 선진 교육 이론 연구 등에도 전념하고 있습니다. 국내 최고의 사설 영재교육 기관인 와이즈만 영재교육에 교육 콘텐츠를 제공하고 교사 교육을 담당하고 있습니다.

추천 동물보호시민단체 카라

KARA(Korea Animal Rights Advocates)는 후미진 구석에서, 실험실에서, 농장에서, 인간의 탐욕과 그릇된 생명경시 풍조에 의해 고통 받는 동물들의 생명권을 지켜 주고 그들의 소리를 대변해 주고자 모인 단체입니다. 사회 전반의 낙후된 생명 존중 인식을 위한 캠페인, 실험동물 반대, 농장동물의 복지 증진, 오락동물의 반대, 채식문화 운동 등을 전개하고 있습니다.

자연에 대한 감수성을 키워 주는
와이즈만 환경과학 그림책 시리즈

01 우주 쓰레기
고나영 글 | 김은경 그림 | 김해동 추천 | 와이즈만 영재교육연구소 감수 | 60쪽

02 똥장군 토룡이 실종 사건
권혜정 글 | 소노수정 그림 | 와이즈만 영재교육연구소 감수 | 80쪽

03 누가 숲을 사라지게 했을까?
임선아 글·그림 | 와이즈만 영재교육연구소 감수 | 56쪽

04 명품 가방 속으로 악어들이 사라졌어
유다정 글 | 민경미 그림 | 와이즈만 영재교육연구소 감수 | 48쪽

05 1억 년 전 공룡 오줌이 빗물로 내려요
강경아 글 | 안녕달 그림 | 와이즈만 영재교육연구소 감수 | 58쪽

06 푸른 숲을 누가 만들었나?
유다정 글 | 민경미 그림 | 와이즈만 영재교육연구소 감수 | 40쪽

07 장군바위 콧수염
김고운매 글 | 이해정 그림 | 와이즈만 영재교육연구소 감수 | 60쪽

08 닥터 홀의 싱크홀 연구소
최영희 글 | 이경국 그림 | 와이즈만 영재교육연구소 감수 | 48쪽

09 꿀벌들아, 돌아와!
홍민정 글 | 이경석 그림 | 와이즈만 영재교육연구소 감수 | 48쪽

10 빛공해, 생태계 친구들이 위험해요!
강경아 글 | 김우선 그림 | 와이즈만 영재교육연구소 감수 | 44쪽

11 돼지도 누릴 권리가 있어
백은영 글 | 남궁정희 그림 | 와이즈만 영재교육연구소 감수 | 44쪽

12 전기가 나오는 축구공
서지원 글 | 오승민 그림 | 48쪽

13 시끌시끌 소음공해 이제 그만!
정연숙 글 | 최민오 그림 | (사)한국소음진동공학회 감수 | 56쪽

14 고래를 삼킨 바다 쓰레기
유다정 글 | 이광익 그림 | 동아시아 바다공동체 오션 이종명 감수 | 48쪽

15 이끼야 도시도 구해 줘!
강경아 글 | 한병호 그림 | 와이즈만 영재교육연구소 감수 | 48쪽